100 % recycelbar oder wiederverwendbar

Bewahre dieses Buch als Urlaubserinnerung auf! Wenn du es zum Recyceln geben möchtest, entferne vorher das Gummiband!

Mein
CAMPING
SPASS
BUCH

Dieses Buch gehört:

....

Alter: ....

Campingort: ....

....

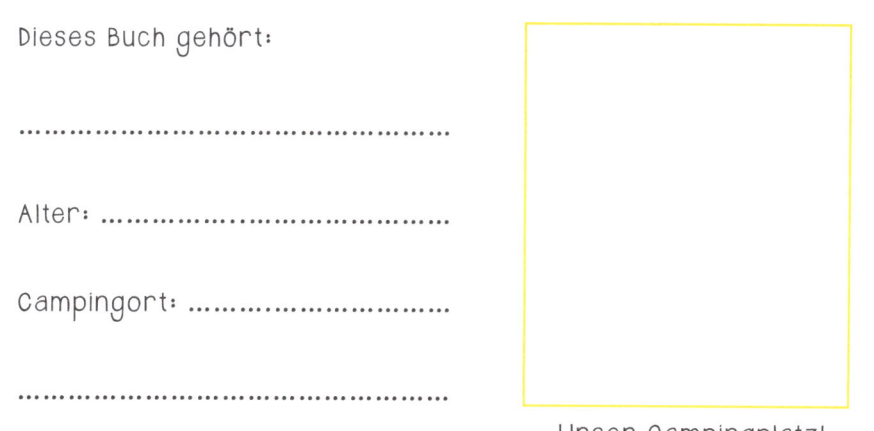

Unser Campingplatz!

Danke an meine Eltern, die mich zu einer
glücklichen Camperin gemacht haben.
Kim

Text and illustrations copyright: © b small publishing ltd. 2021
Die Originalausgabe ist bei b small publishing ltd. erschienen
Titel der Originalausgabe: 50 Things to Try When Camping
Redaktion: Sam Hutchinson
Design: Kim Hankinson und Vicky Barker (Cover)

© 2022 für die deutsche Ausgabe:
arsEdition GmbH, Friedrichstraße 9, D-80801 München
Alle Rechte vorbehalten
Aus dem Englischen von Sarah Brebeck
ISBN 978-3-8458-4852-5

www.arsedition.de

Jede Menge Ideen fürs ...

Kochen, Beobachten, Lachen, Basteln, Spielen,
Entdecken ... fröhliche Campen!

Kim Hankinson

Bär

Maus

Frosch

Huhn

So benutzt du dieses Buch

Dieses Buch ist voller Ideen zum Beobachten, Nach-
denken, Zuhören, Sich-etwas-Trauen. Probiere sie einfach
mal aus. Schlag irgendeine Seite auf und mach so viel,
wie du möchtest, in der Reihenfolge deiner Wahl.

Jede der Aktivitäten ist mit einer Farbe gekennzeichnet,
damit du sofort erkennst, um welche Art es sich handelt.
Sieh in der Legende unten auf der Seite nach, welche
Farbe die Sorte Aktivität hat, auf die du gerade Lust hast.
Du findest die farbigen Markierungen sowohl im Inhalts-
verzeichnis auf der nächsten Seite als auch bei jeder
Seitenzahl im Buch. Zwischendurch gibt es immer wieder
Seiten zum Kritzeln und für Notizen.

Viel Spaß draußen!

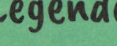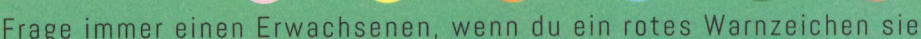

Inhaltsverzeichnis

Ente   Hund

Tierspuren

Kannst du die Spuren
dieser Tiere entdecken?
Auf Seite 31 findest du
Tipps zum Fährtenlesen.

Packliste

Für dein Campingabenteuer brauchst
du auf jeden Fall:

Filzstifte

Pinsel

Taschen-
lampe

Marshmallows

Textilfarbe

einen alten Kissenbezug

Pfeife

warme Kleidung

bunte
Zucker-
streusel

Uhr

Schere

Schokoladen-
kekse

Grillspieße

Spieglein, Spieglein

Beim Campen ist es manchmal nicht leicht, einen Spiegel zu finden. Male dein Gesicht auf diese Seite, damit du nicht vergisst, wie du aussiehst!

Es geht los!

Mit diesen Tipps kannst du dein
Zelt perfekt aufbauen.

**Suche dir einen geschütz-
ten Ort** für dein Zelt. Vermeide dabei sehr sonnige
und windige Plätze.

Vermeide Gefahren, indem
du z. B. nach Bienenstöcken
und überhängenden Ästen
Ausschau hältst.

Suche dir einen
ebenen Boden und
befreie ihn von großen
Steinen und Ästen.

Mithilfe von Ab-
spannleinen und
Heringen kannst du
das Zelt **gegen den
Wind schützen**.

Zähle zuerst alle Teile und sortiere sie in
Gruppen, um sicherzugehen, dass du alles
hast, bevor du mit dem Aufbauen beginnst.

**Stecke als Erstes die
Zeltstangen zusammen,**
bevor du sie in die passen-
den Tunnel schiebst.

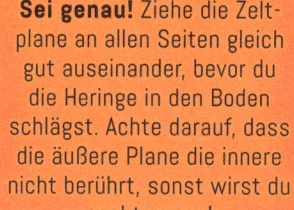

Lass nichts zurück.
Sammle deinen ganzen
Müll auf, bevor es weiter-
geht.

Sei genau! Ziehe die Zeltplane an allen Seiten gleich
gut auseinander, bevor du
die Heringe in den Boden
schlägst. Achte darauf, dass
die äußere Plane die innere
nicht berührt, sonst wirst du
nachts nass!

Wenn der Boden nass ist,
suche dir eine **höher ge-
legene Stelle**.

Film ab!

Mithilfe einer hellen Taschenlampe kannst du einen richtigen Film unter freiem Himmel abspielen. Benutze deine Hände, um coole Schattenfiguren auf die Zeltplane zu projizieren.

Stier

Ente

Fange mit diesen Tieren an und überlege dir dann selbst weitere Figuren.

Hase

Eichhörnchen auf einem Ast

Flagge gestalten

Flaggen werden dafür benutzt, verschiedene Orte zu markieren. Sieh dir die Flaggen auf dieser Seite an und gestalte dann auf der nächsten Seite deine eigene für euren Campingplatz.

Nepal

Dies ist die einzige National-flagge mit einer besonderen Form. Die Symbole stehen für die Sonne und den Mond.

Kanada

Das Ahornblatt auf der kanadischen Flagge steht für den typischen Baum Kanadas.

Indiana

Auf der Flagge des US-Bundesstaates sind 19 Sterne, da Indiana der neunzehnte Staat war, der dem Staatenbündnis beitrat.

Papua-Neuguinea

Diese Flagge zeigt sowohl das Sternbild Kreuz des Südens als auch einen Paradiesvogel.

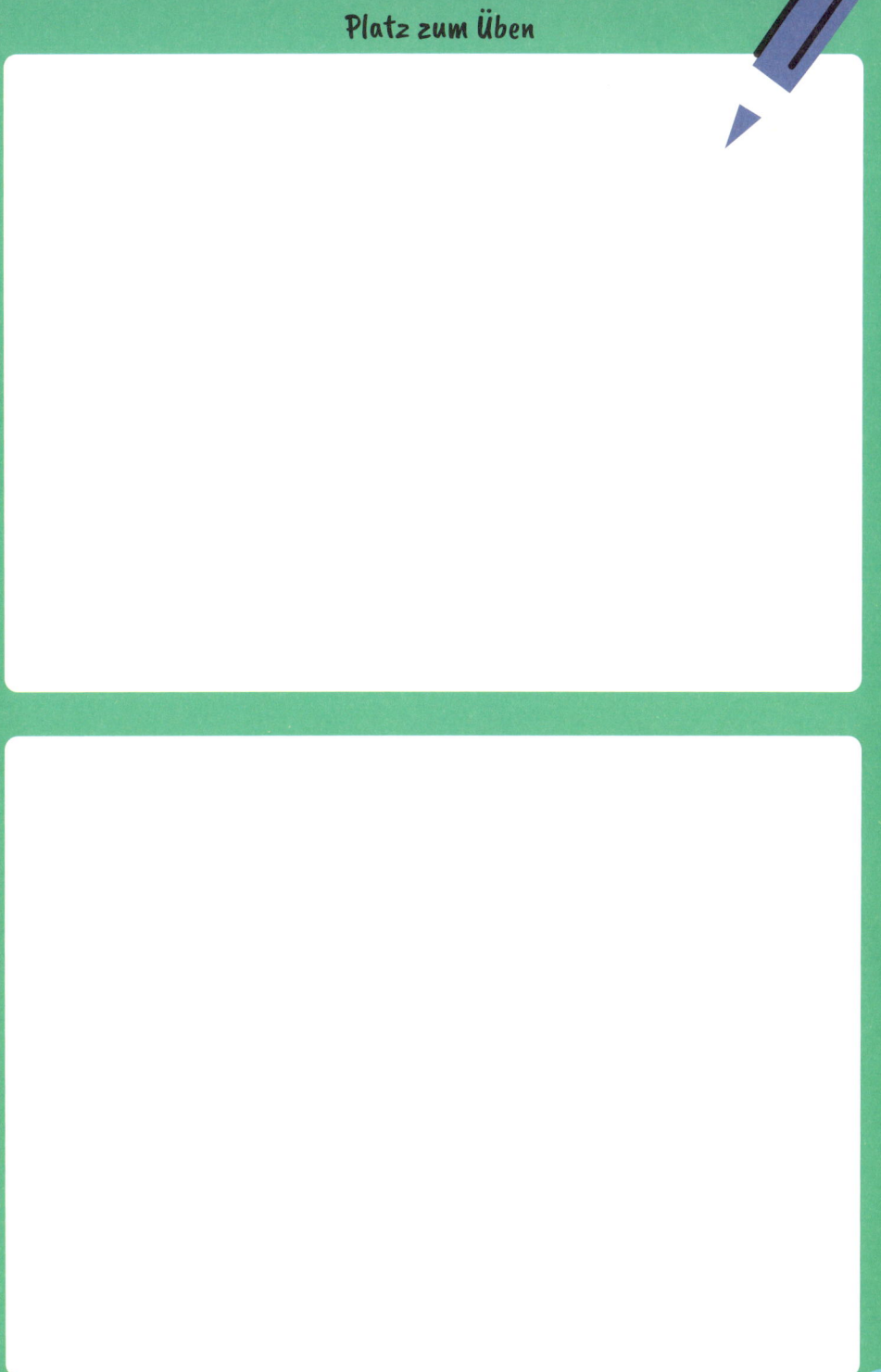

endgültiges Ergebnis

Campingplatz-Bingo

Hake diese Bilder ab, wenn du sie auf deinem Campingplatz entdeckt hast. Schaffst du es, alle zu finden?

Hund

Mücke

Baum

Kuppelzelt

Fernglas

Regenschirm

Grill ☐

Glockenzelt ☐

Sonnenbrille ☐

besonderer Vogel ☐

Kartenspiel ☐

Sonnenanbeterin ☐

13

Hier kannst du deine eigene Kurzgeschichte aufschreiben.
Lass dich dabei von den Ideen aus dem Buch inspirieren.

Hör mal!

Sei still und lausche! Welche Tiere kannst du hören? Versuche, ihre Geräusche nachzumachen! Vielleicht antworten sie dir sogar?

15

Camping-Yoga

Ist es ein Vogel? Ist es ein Flugzeug? Ist es ein Boot? Nein, das bist du, wie du diese schwierigen Gleichgewichtsübungen ausprobierst!

Das Boot

Lege dich flach auf den Rücken, hebe dann deine Beine und deinen Oberkörper an. Halte dich an deinen Beinen fest und lass deinen Rücken gerade. Benutze dazu deine Bauchmuskeln! Entspanne dich wieder, bevor du deinen Nacken überanstrengst.

Probiere diese Übungen am besten auf einem weichen Untergrund wie Gras oder Sand aus, ...

... damit du auch weich landen kannst

Der Flamingo

Stelle dich auf dein linkes Bein. Winkle dein rechtes Bein nach hinten ab und halte deinen Fuß mit der rechten Hand fest. Strecke jetzt deinen linken Arm nach oben Richtung Himmel. Versuche diese Position so lange wie möglich zu halten! Wiederhole die Übung dann mit der anderen Seite.

Das Flugzeug (Fliegerpose)

Diese Übung ist besonders schwierig! Stelle dich gerade hin. Strecke dann ein Bein im rechten Winkel nach hinten aus und beuge dich dabei mit deinem Oberkörper gerade nach vorne. Strecke jetzt auch deine beiden Arme neben deinem Körper nach hinten. Hebe deine Brust und deinen Kopf und fixiere einen Punkt gerade vor dir für mehr Stabilität. Probiere danach auch die andere Seite aus.

Am Strand? Auf einem Berg? Im Wald?

Male den Ort, an dem du campst.

Erkundungstour

Erkunde den Campingplatz mithilfe eines gedruckten Platzplans oder einer Navigationsapp auf deinem Handy. Mach Fotos von besonderen Dingen, die du auf deinem Weg entdeckst, und male dann eine Karte wie diese.

Am Abend

Mach eine Nachtwanderung! Zusammen mit deinen Campingfreunden kannst du deine Erkundungstour im Dunkeln nachlaufen. Nachts wirst du eine komplett neue Welt entdecken!

Nicht vergessen!

Plane deine Route bei Tageslicht. Ziehe feste Schuhe an und nimm eine Taschenlampe mit. Ziehe dich warm an – nachts wird es schnell kühl! SEI LEISE! Nachts kannst du einige Tiere beobachten, aber laute Geräusche können sie verjagen.

Achtung!
Frage zuerst einen Erwachsenen um Erlaubnis!

19

Campingnascherei

Hier findest du ein Rezept für eine superschnelle Lagerfeuer-Köstlichkeit.

Das brauchst du:

Grillspieße

Schokokekse
Dünne Kekse funktionieren am besten.
Du brauchst zwei Kekse für jedes Sandwich.

Marshmallows
Du brauchst zwei Marshmallows pro Leckerei.

Bunte Streusel
Wenn du magst, kannst du noch Streusel hinzufügen!

Achtung!
Verbrennungsgefahr wegen offenem Feuer!
Frage einen Erwachsenen um Hilfe und Erlaubnis.

1. Schiebe zwei Marshmallows auf das spitze Ende von jedem Grillspieß. Pass auf, dass du dich dabei nicht pikst.

2. Bereite die Schokokekse vor, indem du eine gerade Anzahl mit der Schokoladenseite nach oben auf einem Teller bereitlegst.

3. Halte den Spieß am unteren Ende fest und drehe ihn langsam über dem Feuer, bis die Marshmallows golden sind.

4. Mithilfe einer Gabel kannst du sie vom Spieß schieben und beide auf die Schokoladenseite eines Kekses legen. Lege einen zweiten Keks mit der Schokoladenseite nach unten auf die Marshmallows.

5. Drücke beide Kekse vorsichtig zusammen!

6. Verteile Streusel auf einem Teller und rolle den Rand deines Sandwichs darin.

7. Lass das Sandwich 30 Sekunden lang abkühlen. Jetzt kannst du deinen Lagerfeuer-Nachtisch genießen!

Hier kannst du über einen typischen Tag auf dem Campingplatz schreiben. Vielleicht möchtest du dir diese Seite für einen Regentag aufheben.

Handyfrei!

Stecke alle Handys und andere technische Geräte in einen großen Umschlag und verstecke ihn an einem sicheren Ort. Versucht, den ganzen Tag ohne technische Geräte auszukommen.

Jetzt hast du den ganzen Tag die Hände frei!

23

Kompass bauen

Mithilfe der Sonne kannst du einen eigenen Kompass bauen.

1. Beschrifte fünf große Steine wie abgebildet:

N (Norden) S (Süden) O (Osten) W (Westen) (Zentrum)

2. Fange so früh am Morgen an wie möglich und stelle dich an die Stelle, an der du deinen Kompass haben möchtest. Lege den Zentrum-Stein mit den Pfeilen zwischen deine Beine. Bleib genau dort stehen.

3. Nimm den »O«-Stein in die linke Hand und zeige damit in Richtung Sonne. Lege den Stein dann an diese Stelle.

4. Nimm jetzt den »W«-Stein in deine rechte Hand, zeige in die entgegengesetzte Richtung und lege ihn auch hin.

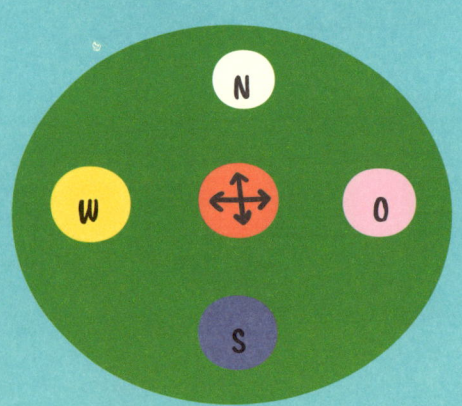

5. Lege den »S«-Stein gerade vor dir zwischen den »O«- und »W«-Steinen mit einer Armlänge Abstand hin.

6. Lege den »N«-Stein in derselben Entfernung gegenüber vom »S«-Stein hinter dir hin und richte den Pfeil-Stein so aus, dass die Pfeile auf alle vier Steine zeigen.

7. Jetzt kannst du aus dem Steinkreis treten und den ganzen Tag den Sonnenstand mit deinem Kompass bestimmen.

Achtung!
Schaue niemals direkt in die Sonne!

Male auf diese Seite alles, was du heute gegessen hast.

Besondere Campingplätze

Auf dieser Seite kannst du alle möglichen verrückten Orte sehen,
an denen Menschen ihr Zelt aufschlagen. Fallen dir noch mehr ein?
Wo warst du schon überall campen?
Wo würdest du am liebsten mal campen wollen?

in der Wüste

an einem steilen Abhang

im
Zirkuszelt

in einem Iglu

im Dschungel
hoch oben in der
Baumkrone

auf einem
Vulkan

Eine Rutsche UND eine Tanzfläche?
Male den ultimativen Campingplatz!

Lagerfeuer

Hier lernst du, wie man das perfekte Lagerfeuer baut. Bitte einen Erwachsenen um Hilfe, wenn du es anzünden möchtest.

Lass das Feuer nicht aus den Augen!

Freie Fläche
Suche dir einen Platz abseits von Büschen, Bäumen und überhängenden Ästen.

Windschutz
Ein großer Felsbrocken kann dein Feuer vor Wind schützen.

Feuerholz
Fange mit Kleinholz an und füge nach und nach größere Holzscheite hinzu, wenn das Feuer gut brennt.

Ring aus Steinen
Lege als Markierung Steine um das Feuer herum.

Anmachholz
kleine, dünne Stöcke

Zunder
trockene Blätter, Rinde, Tannennadeln, Papier und Holzspäne

Achtung! Zünde niemals ein Feuer an, wenn keine Erwachsenen dabei sind. Überprüfe vorher, ob Feuermachen an dieser Stelle überhaupt erlaubt ist.

Lösche das Feuer, wenn du fertig bist!

Kleine Knotenkunde

Probiere diese nützlichen Knoten mit den Abspannleinen deines Zelts aus.

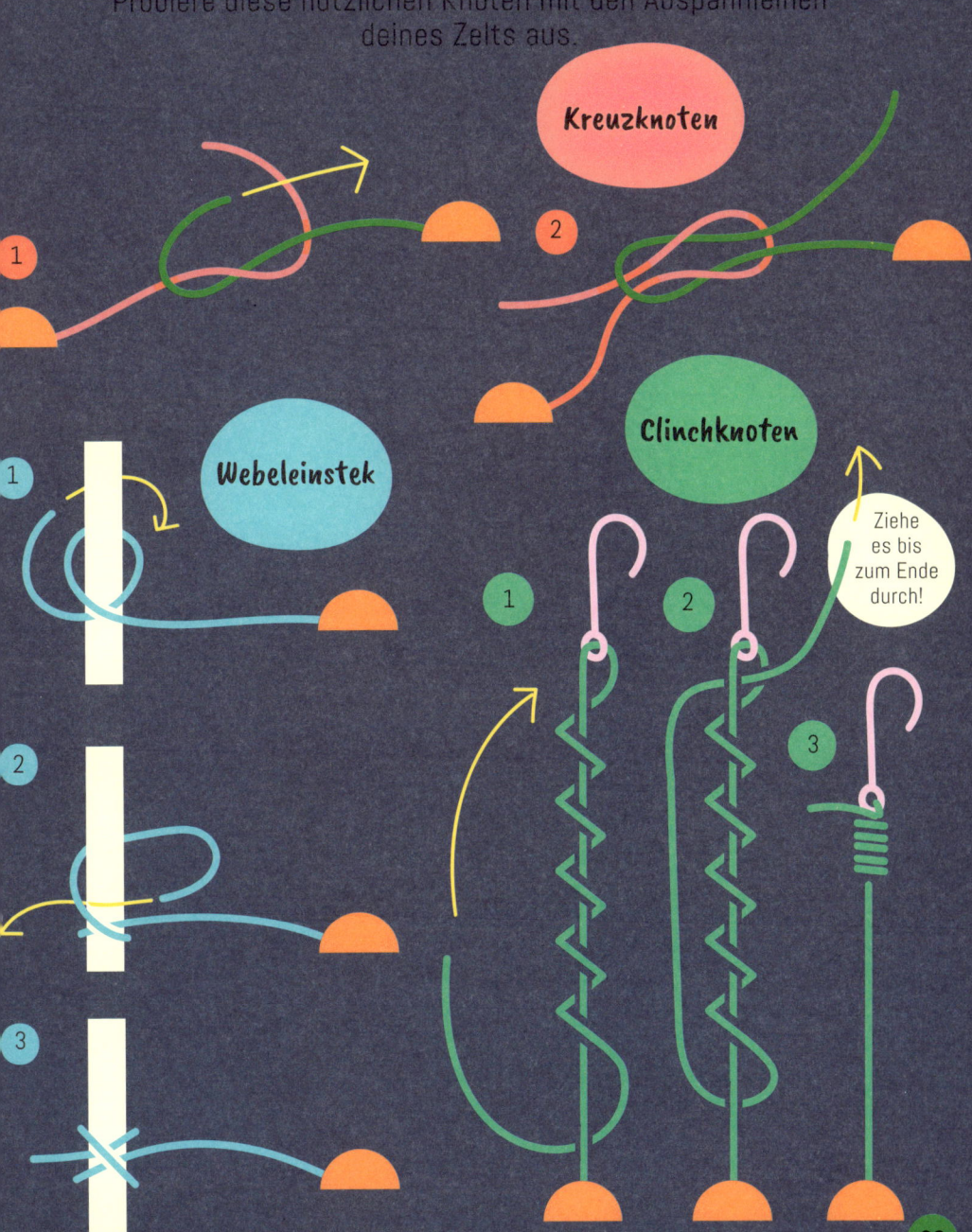

Kreuzknoten

Webeleinstek

Clinchknoten

Ziehe es bis zum Ende durch!

Lagerfeuer-Popcorn

Keine Mikrowelle parat? Mit diesen Tipps gelingt dir das perfekte Popcorn auch über einem Lagerfeuer.

1. Nimm einen Topf mit Deckel und langem Stiel. Gieße so viel Öl hinein, dass der Boden bedeckt ist. Lege drei Popcorn-Maiskörner hinein und schließe den Deckel.

2. Stelle den Topf ins Feuer auf einen stabilen Untergrund, wie einen festen Grillrost.

3. Warte und lausche auf die drei Plopps (das sollte nicht sehr lange dauern). Hol den Topf dann aus dem Feuer und stelle ihn auf eine hitzebeständige Unterlage.

4. Warte 20 Sekunden, öffne dann den Deckel und fische das fertige Popcorn mit einem Kochlöffel heraus. Fülle jetzt so viele Kerne hinein, dass der Boden vollständig mit einer Schicht bedeckt ist.

5. Schließe den Topf wieder mit dem Deckel und warte drei Minuten.

6. Setze den Topf nun wieder zurück ins Feuer. Sobald du hörst, dass die Kerne anfangen zu ploppen, verschiebe den Deckel vorsichtig ein wenig, damit der Dampf entweichen kann.

7. Wenn zwischen den einzelnen Plopps mehr als drei Sekunden liegen, kannst du den Topf aus dem Feuer nehmen und abkühlen lassen.

8. Wenn du möchtest, kannst du Zucker, Zimt oder Salz hinzugeben.

Achtung! Frage einen Erwachsenen um Hilfe. Nimm auf gar keinen Fall den Deckel ab, während der Topf im Feuer ist oder bevor das Popcorn fertig ist. Benutze auf jeden Fall Topfhandschuhe, wenn du den heißen Topf berührst.

Spurensuche

Wenn du genau hinschaust, kannst du einige Spuren entdecken, die dir verraten, wer vor Kurzem den Campingplatz besucht hat.

  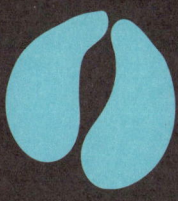

Brauchst du Hilfe?

Frage einen Mitarbeiter des Campingplatzes, ob es in der Nähe gefährliche Tiere oder Orte gibt, die du vermeiden solltest. Falls das der Fall ist, brauchst du einen Führer.

Sandstrände

Tiere bleiben meistens eher nah an der Wasserkante oder am Waldrand, statt mitten auf dem Strand zu laufen.

Frühmorgens

Viele Tiere stromern gern nachts oder in der Dämmerung umher.

Schlammige Pfützen

Achte auf Spuren im Schlamm, auf Waldwegen, an Flussufern und unter Brücken.

Lokales Wissen

Erkundige dich, welche wilden Tiere es vor Ort gibt. Das kann dir helfen einzugrenzen, was für eine Spur du gerade betrachtest.

Futtersuche

Denke darüber nach, wo Tiere nach Nahrung suchen. Dort findest du auf jeden Fall Spuren.

Camperabzeichen

Male diese Abzeichen bunt an und denke dir dann deine eigenen aus für etwas, das du beim Campen geschafft oder gemacht hast. Du kannst durch das Buch blättern, wenn du Ideen suchst.

Balanceakt

Übe zu balancieren. Wenn du keine Slackline hast, probiere es einfach auf einem Baumstamm oder Ast!

Stelle dich gerade hin!

Konzentriere dich auf dein Ziel.

Lass deine Arme und Handgelenke locker.

Halte den Ober-körper gerade.

Gehe langsam, aber sicher.

Beuge deine Knie leicht.

Die Zehen zeigen ge-rade nach vorne.

Campingexperten

Diese Menschen sind Campingexperten. Kennst du noch andere Personen, die von Ort zu Ort ziehen?

Feldpaläontologen

Beduinen

Regenwald-
forscher

Wildtier-
fotografen

mongolische
Hirten

Extremberg-
steiger

Zeichne ein Willkommensschild für euren Stellplatz!

Morsecode

Versuche doch mal, nachts geheime Botschaften mit einem anderen Camper auszutauschen.

1. Schalte deine Taschenlampe an und halte den Lichtstrahl mit einem Buch zu.

2. Nimm das Buch kurz weg und halte es sofort wieder davor, um ein kurzes Signal, einen »Punkt«, an deine Zeltplane zu strahlen.

3. Wenn du das Buch für eine etwas längere Zeit wegnimmst, kannst du ein langes Signal, also einen »Strich«, funken.

4. Zwischen jedem »Punkt« oder »Strich« solltest du das Buch für einige Sekunden auf der Taschenlampe lassen.

5. Auf der nächsten Seite findest du das komplette Morsealphabet, das du benutzen kannst, um Nachrichten zu senden und zu empfangen. Schreibe dir die eingehenden Nachrichten am besten auf einem Notizblock mit, bevor du sie in Ruhe entschlüsselst

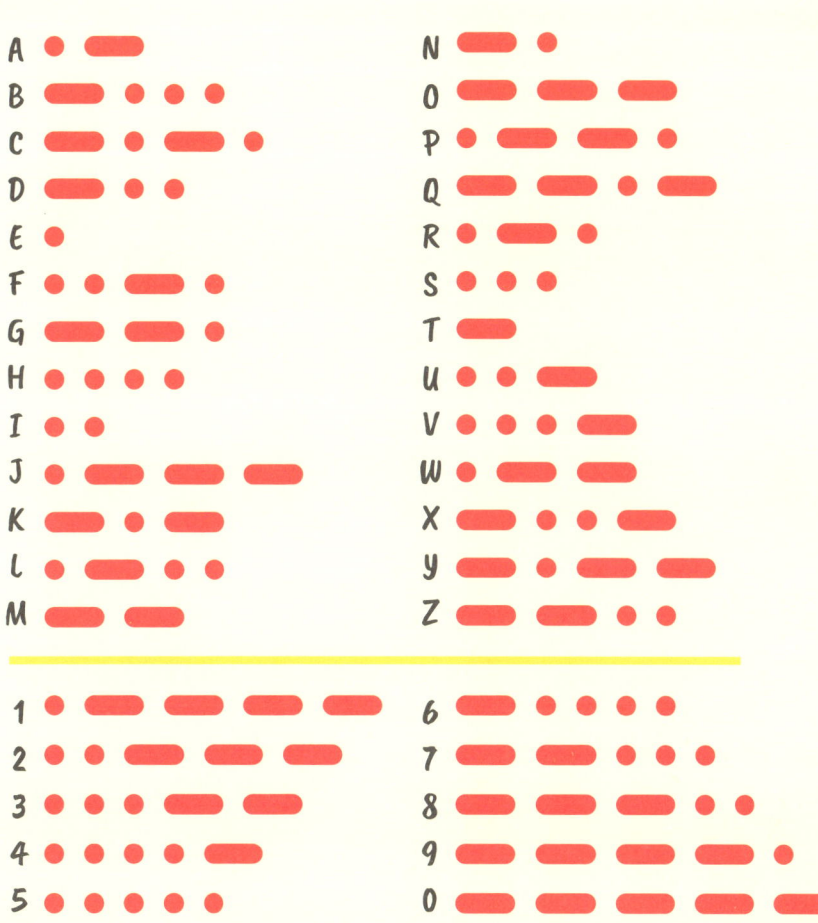

Die Person, mit der du kommunizierst, sollte sich das Morsealphabet vorher abschreiben, damit sie deine Nachrichten entschlüsseln kann.

Flagge hissen!

Verliere nie wieder deinen Stellplatz aus den Augen.
Bastle dir deine eigene Flagge mit einem Stock und
einem alten Kissenbezug.

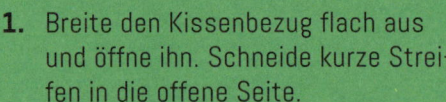

1. Breite den Kissenbezug flach aus
   und öffne ihn. Schneide kurze Streifen in die offene Seite.

2. Schneide dir eine Vorlage
   aus Papier aus, die deinem
   Flaggenentwurf von Seite 11
   entspricht. Lege die einzelnen
   Teile zurecht und markiere dir,
   in welcher Farbe sie später
   ausgemalt werden.

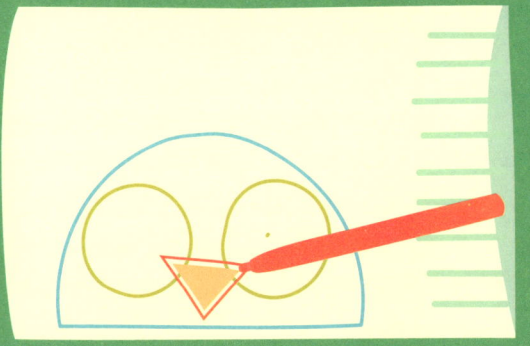

3. Lege die Papierschablonen auf
   den Bezug. Male mit Textilfarbe um die einzelnen Teile
   deiner Schablonen herum. Benutze dabei die ausgewählten
   Farben. Entferne die Schablonen und male die Formen aus.
   Lass die Farbe trocknen.

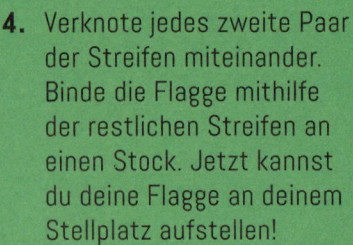

4. Verknote jedes zweite Paar
   der Streifen miteinander.
   Binde die Flagge mithilfe
   der restlichen Streifen an
   einen Stock. Jetzt kannst
   du deine Flagge an deinem
   Stellplatz aufstellen!

Fahne erobern

Auf dieser Seite erfährst du die Regeln für das Spiel »Fahne erobern«.

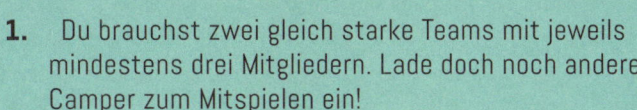

1. Du brauchst zwei gleich starke Teams mit jeweils mindestens drei Mitgliedern. Lade doch noch andere Camper zum Mitspielen ein!

2. Sucht euch einen geeigneten Platz. Er sollte ein paar Bäume, aber auch freie Flächen haben. Teilt ihn dann in zwei gleiche Bereiche ein. Jedem Team wird eine Zone zugeteilt.

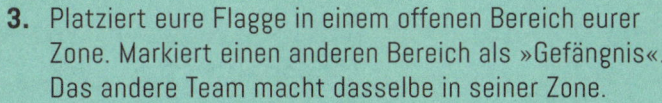

3. Platziert eure Flagge in einem offenen Bereich eurer Zone. Markiert einen anderen Bereich als »Gefängnis«. Das andere Team macht dasselbe in seiner Zone.

4. Wenn ihr bereit seid, benutzt eine Pfeife oder schreit laut »LOS!«. Ziel des Spiels ist es, die gegnerische Flagge aus ihrer Zone zu erobern.

5. Ein oder zwei Spieler sollten als Wachen zurückbleiben, um eure eigene Flagge zu beschützen. Wenn du im gegnerischen Feld von einem gegnerischen Wächter abgeklatscht wirst, musst du ins »Gefängnis« und dort warten, bis eines deiner Teammitglieder sich anschleicht und dich durch Abklatschen befreit. Du kannst mehr als einmal im »Gefängnis« landen!

6. Wenn es ein Team schafft, die gegnerische Flagge zu erobern und in die eigene Zone zu bringen, hat dieses Team gewonnen.

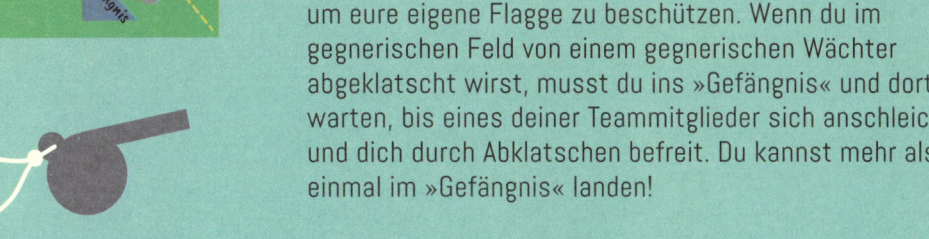

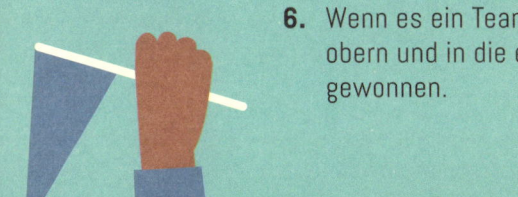

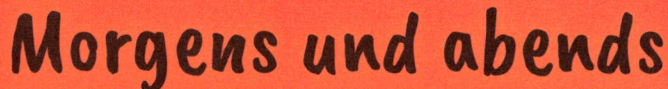

Morgens und abends

Beobachte den Sonnenaufgang und den Sonnenuntergang.
Schaffst du es, beide am gleichen Tag zu sehen?
(Vielleicht musst du ein Nickerchen
zwischendurch machen!)

Schaue nicht direkt in die
Sonne! Das kann deine Augen
schädigen.

Meditation

Für einen superentspannten Tag kannst du diese
Meditation ausprobieren.

Mach es dir gemütlich

Suche dir einen ruhigen Ort. Setze dich in den Schneidersitz oder auf ein
Sitzkissen. Setze dich gerade hin und drücke deine Schultern nach hinten
und unten, damit du aufrecht bist. Stelle dir vor, jemand zieht dich an einem
Faden an deinem Kopf nach oben.

Atme

Schließe deine Augen oder entspanne deinen Blick und schaue leicht nach unten.
Nimm einen großen, tiefen Atemzug – so groß, dass dein Bauch sich nach außen
wölbt –, dann atme ganz langsam wieder aus. Wo spürst du den Atemzug in dir?
Vielleicht in deiner Nase? Konzentriere dich auf dieses Gefühl. Atme tief ein und
aus, konzentriere dich dabei weiter auf die Luft, die dich durchströmt.
Jetzt meditierst du!

Musik machen

Suche dir ein paar Freunde für einen Trommelkreis.
Du brauchst dafür nicht mal eine richtige Trommel!

1. Jeder sucht sich ein Instrument.
   Das kann alles sein, von einem
   hohlen Baumstamm, auf den
   man mit zwei Stöcken trommeln
   kann, über die eigenen Hände zum
   Klatschen bis zu Geräuschen, die
   du mit deinem Mund oder Körper
   machen kannst.

2. Eine Person gibt den Rhythmus vor. Das sollte ein einzelner
   Trommelschlag ungefähr alle
   zwei Sekunden sein. Solange er
   regelmäßig bleibt, kann er auch
   schneller oder langsamer sein.

3. Die nächste Person steigt in den
   vorgegebenen Rhythmus mit
   einem anderen Ton ein.

4. Einer nach dem anderen steigen
   jetzt auch die anderen Personen
   mit ihren Instrumenten oder Geräuschen in den Rhythmus ein.
   Lade doch noch mehr Leute dazu
   ein mitzumachen!

5. Wechselt die Reihenfolge der
   Trommler durch und versucht
   euch an neuen Songs!

Male die Flora (Pflanzenwelt) und Fauna (Tierwelt),
die du heute gesehen hast.

Fingerspielerei

Einen Regentag erwischt? Kein Problem! Diese Spiele hast du praktischerweise immer dabei.

Daumenkampf

Hakt die Fingerkuppen eurer rechten (oder linken) Hände ineinander, lasst die Daumen dabei nach oben gestreckt. Ziel des Spiels ist es, den Daumen des Gegners mit deinem eigenen Daumen zu fangen und zwei Sekunden nach unten zu drücken.

Zaubertrick

Dieser magische Trick ist perfekt dafür geeignet, kleine Geschwister zu unterhalten. Strecke die Finger deiner linken Hand gerade aus und halte sie mit der Handfläche nach links vor dich. Knicke nur die Spitze deines linken Daumens nach unten. Bei der rechten Hand legst du Zeige- und Mittelfinger so auf den rechten Daumen, dass nur der vordere Daumenteil zu sehen ist. Bedecke das abgeknickte Ende des linken Daumens mit dem rechten Zeige- und Mittelfinger und bewege die rechte Hand jetzt hin und her. Es sieht nun so aus, als ob du deinen linken Daumen immer wieder teilen und zusammensetzen würdest. Gruselig!

Geheimer Handschlag

Denke dir gemeinsam mit einem Freund einen geheimen Handschlag aus. Schafft ihr es, ihn euch beide zu merken?

Wärme dich vor dieser Aktivität mit einem fünfminütigen
Spaziergang auf und gehe
danach auch wieder fünf
Minuten in Ruhe.

Joggen

Gehe eine Runde joggen. Jogge dazu eine Minute lang und gehe
dann wieder eine Minute lang – wiederhole das so oft wie möglich
und finde heraus, wie weit du kommst.

Campingplatz-Alphabet

Erstellt ein eigenes Buchstabieralphabet, bestehend aus Wörtern, die etwas mit eurem Ausflug zu tun haben. Nennt immer abwechselnd Wörter, die mit jedem Buchstaben des Alphabets beginnen. Wem nichts einfällt, wenn er dran ist, scheidet aus.

A ....

B ....

C ....

D ....

E ....

F ....

G ....

H ....

I ....

J ....

K ....

L ....

M ....

N ....

O ....

P ....

Q ....

R ....

S ....

T ....

U ....

V ....

W ....

X ....

Y ....

Z ....

Morgenstimmung

Stehe in der Morgendämmerung auf und lausche dem Vogelkonzert. Wie viele verschiedene Vogelarten kannst du zwitschern hören?

Monster

Erschaffe ein wildes Monster und
male es auf der nächsten Seite.

Hier siehst du ein paar
berühmte Monster, von
denen du dich inspirieren
lassen kannst.

Nessie

Lebt im Loch Ness, einem See in Schottland,
und ist ungefähr 1500 Jahre alt. Besondere
Fähigkeit: Kann sehr lange die Luft anhalten!

Yeti

Lebt im Himalaja-Gebirge. Sein Alter ist
nicht bekannt, aber seit 1800 werden
regelmäßig Sichtungen gemeldet. Besondere Fähigkeiten: Schneemänner
bauen und klettern.

Bigfoot

Lebt an der Westküste Nordamerikas.
Besondere Fähigkeit: Streiche mit
seinen Fußabdrücken spielen!

Name: ....

Alter: ....

Besondere Fähigkeiten: ....

Wohnort: ....

Neuer Song

Komponiere dein eigenes Lagerfeuer-Lied.
Du kannst diese Reimwörter zu Hilfe nehmen!

Zelt
Welt
Geld
Held

Holz
Stolz
schmolz
soll's

Feuer
Steuer
neuer
treuer

Sonne
Wonne
Nonne
Tonne

Haus
Maus
Schmaus
Laus
saus
raus

Tag
mag
sag
lag

Baum
Traum
kaum
Flaum

Fotosafari

Mach Fotos von diesen oder ähnlichen Campingplatz-Attraktionen oder zeichne sie.

Wanderschuhe

Anglerin

Hütte

Reifenschaukel

Reiterin auf einem Pferd

Tierspur

großes Wohnmobil

Sternbilder

Kannst du diese Tiere am Nachthimmel entdecken?

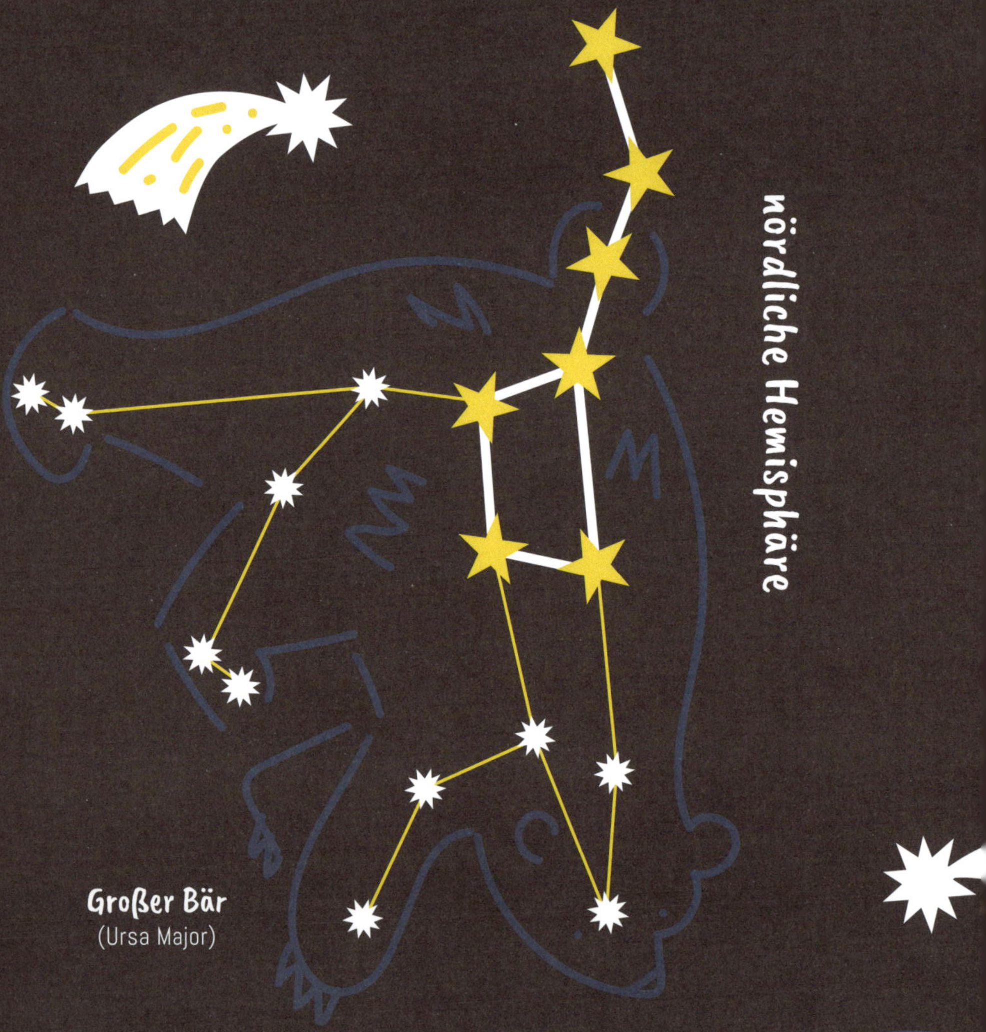

nördliche Hemisphäre

Großer Bär
(Ursa Major)

Achte auch auf Sternschnuppen!

Großer Hund
(Canis Major)

südliche Hemisphäre

Zeichne alle deine Campingfreunde.

Zeitmessung

Bastle deine eigene Sonnenuhr.

sonniger Platz
ohne Schatten

Polstab
(Stock)

Sonne

Armbanduhr

Nummerierte Steine
Wie viele du brauchst, hängt davon ab,
wie viele Sonnenstunden es gibt.

1. Suche dir eine sonnige Stelle ohne Schatten und stecke einen Stock senkrecht
   in den Boden. (Dieser wird auch Schattenwerfer oder Polstab genannt.)

2. Bestimme mithilfe einer Armbanduhr die genaue Uhrzeit. Warte bis zu einer
   vollen Stunde und platziere einen Stein an der Stelle, an der der Stock einen
   Schatten wirft. Beschrifte den Stein mit der Uhrzeit. Auf dem Bild wäre das
   z. B. die 8.

3. Wiederhole diesen Schritt jede Stunde wieder, bis die Sonne untergeht. Vielleicht brauchst du mehr oder weniger Steine als abgebildet, je nachdem wie
   viele Sonnenstunden es an diesem Tag gibt.

4. Wenn du heute später angefangen hast, kannst du die Sonnenuhr morgen mit
   den restlichen Steinen vervollständigen.

Am Lagerfeuer

Erfinde deine eigene gruselige Lagerfeuer-Geschichte.
Lass dich von den Bildern inspirieren. Erzähle die Geschichte
heute Abend deinen Mitcampern!

dichter Nebel

knorriger, alter Baum

verlassene Burg

einsamer Berg

düsterer Wald

Halloween

Blitz und Donner

Eulengeschrei

Gespenst

stockdunkle Nacht

Vollmond

kopfloser Reiter

Fleisch- gegen Pflanzenfresser

Wie viele dieser Tiere kannst du heute entdecken? Die Gruppe, von denen du die meisten siehst, gewinnt.

Es kann hilfreich sein, einen Erwachsenen zu fragen oder in einem Buch oder im Internet nachzusehen. Manche Tiere könnten dich überraschen!

Pflanzenfresser

Das sind die veganen Tiere! Ihre Ernährung besteht nur aus Pflanzlichem.

Fleischfresser

Diese Tiere fressen nur Tierisches! Zum tierischen Futter gehören auch Insekten, Fische und Eier. Aasfresser wie der Bussard fressen sogar Kadaver.

Allesfresser

Diese Tiere fressen sowohl Tiere als auch Pflanzen und bringen bei diesem Spiel daher keine Punkte.

Vier Jahreszeiten

Stelle dir den Campingplatz zu jeder
Jahreszeit vor. Zeichne ihn!

Frühling

Sommer

Herbst

Winter

Tierisch, tierisch!

Wie viele dieser »tierischen Merkmale« kannst du entdecken?
Hake alle ab, die du finden kannst, und zähle sie vor dem Schlafengehen!

sechs Beine

Schuppen

Flügel

Schwanz

Krallen

Flosse

Fühler

Federn

Fell

Hufe

Hörner

Unterschlupf

Bist du in der Wildnis unterwegs?
Versuche doch mal, einen
Unterschlupf zu bauen.

»Y«- förmige Stütze
Sieh dich nach einem Baum mit
einem gespaltenen Stamm oder
tiefen, großen Ast um.

»Y«-förmiger Ast
Suche zuerst nach
einem solchen Ast,
um zu beginnen.

Rahmen oder Querbalken
Lege ihn zwischen deine
beiden »Y« und stelle sicher,
dass er stabil ist.

Blätter
Füge sie als Letztes für
extra Schutz und als
Dekoration hinzu.

Tür
Hier kannst du deine
Hütte betreten, wenn
sie fertig ist!

trockener, flacher Boden

Dach
Lege immer einen Ast oder
Stock mit einem Ende auf den
Dachbalken und stecke das andere
schräg in den Boden.

Achtung!
Benutze leichte, trockene Äste, damit dein Unterschlupf
nicht zusammenbricht.

Erinnerungen!

»Es war alles nur ein Traum!«
Oh nein, doch nicht! Male oder schreibe über ein
Campingerlebnis, das du <u>niemals</u> wieder vergessen willst.

Notizen